# beachhouse flair

Einrichtungstipps, DIYs und Rezepte mit Urlaubsfeeling

Kathrin Krieter @beachhouseflair

# Inhalt

## Genießen

# Aloha ...

...und herzlich willkommen in unserem Zuhause.
Ich bin ein reiseverrückter Mensch und liebe es, neue Kulturen, Menschen und Ecken der Welt zu entdecken. Eines Tages habe ich Job und Wohnung gekündigt und es ging mit einem One-Way-Ticket in der Tasche auf Weltreise – Rückkehr ungewiß.

Was war das für eine fantastische Zeit... Noch heute habe ich chronisches Fernweh und ständig Sehnsucht nach dem Meer – kein Wunder also, dass sich diese Leidenschaft auch in unserem Zuhause widerspiegelt. Denn wie heißt es so schön: „Das Ziel sollte ein Leben sein, von dem man keinen Urlaub braucht."

Meine andere große Leidenschaft ist es, kreativ zu sein. Ich bin glücklich mit Farbe an den Händen und Papier unter den Fingern und liebe es, verschiedenste Materialien auszuprobieren.
Mich begeistert es, aus vorhandenen Dingen etwas Neues, Einzigartiges und Individuelles zu schaffen.

Mit diesem Buch möchte ich Dich zu einem Kurztrip in mein Zuhause einladen und Dich mit kreativen Ideen und Anregungen sowie praktischen Tipps und Tricks für Dein persönliches Urlaubsfeeling zuhause inspirieren.

Lass uns gemeinsam die Segel setzen und unseren Alltag mit einem Hauch von Fernweh und einer Prise Meeresliebe bereichern!

Viel Freude beim Blättern und Stöbern!
Deine Kathrin

# Über den Tellerrand geschaut

Fremde Länder und Kulturen können unser Leben nachhaltig bereichern und prägen, wenn wir neugierig darauf zugehen und uns für sie öffnen.

Von den geheimnisvollen Tempeln Asiens über die atemberaubenden Landschaften Südamerikas bis hin zu den paradiesischen Inselwelten der Südsee – jeder Ort und jedes Land erzählen ihre eigene Geschichte und bieten einzigartige Inspiration.

Gehe mit offenen Augen durch die Welt! Lass dich von den Farben, Mustern, Traditionen und Bräuchen anderer Länder inspirieren. Nimm ein Stück davon mit, lass es in dein Leben einfließen – und am Ende prägt es deinen ganz persönlichen Stil!

# Leben wie im Urlaub

Wohnen mit Urlaubsfeeling bedeutet für jeden Menschen etwas anderes. Es gibt grenzenlose Gestaltungsmöglichkeiten und eine Vielzahl an Stilen – ohne feste Vorgaben oder starre Regeln. Folge deinen eigenen Vorlieben mit der Freiheit zum Experimentieren und Mischen – ob Gartenstühle am Esstisch oder Kissen statt Sofa – das Motto lautet: einfach machen!

Urlaubsfeeling ist für mich Meeresrauschen und ein weiter, strahlend blauer Himmel. Beides wirkt beruhigend und entspannend. Ich assoziiere es mit Freiheit, Einfachheit und Ungezwungenheit.

Räume mit einer offenen, luftig-leichten Atmosphäre wirken entspannt und sorglos. Sie laden förmlich dazu ein, den Gedanken freien Lauf und den Alltag hinter sich zu lassen.

Durch eine bewusste Auswahl von Deko- und Einrichtungsstücken, die die Sinne anspricht und das Herz berührt, kommen individuelle Einzelstücke und charakteristische Oberflächen besonders gut zur Geltung. Darüber hinaus stehen für mich Einfachheit und Schlichtheit im Fokus. Statt teurer Designerteile lasse ich mich von der Natur inspirieren und sammle schöne, außergewöhnliche Fundstücke: Steine, ausgesuchte Holz- oder Rindenstücke, Zapfen, getrocknete Blumen, Muscheln oder ein Glas voller Sand vom Lieblingsstrand.

Meine Fundstücke arrangiere ich zu kleinen Inseln der Freude. Diese Einzelstücke bringen die Natur in mein Zuhause, wecken Erinnerungen an besondere Momente und schaffen eine harmonische Verbindung zwischen drinnen und draußen. Eine einladende Atmosphäre, in der ich mich sofort wohlfühle und entspannen kann.

Auch in der Küche bleibt der Easy-Going-Charakter erhalten. Einfache, aber köstliche Rezepte, vielleicht sogar mit einer ungewöhnlichen Note oder besonderen Zutaten lassen mich das Urlaubsgefühl mit allen Sinnen erfahren.

Der Coastal Style entführt uns an malerische Küstenlinien, wo sich das sanfte Rauschen der Wellen mit der salzigen Brise des Meeres vermengt und wir den Sand unter den Füßen spüren.

Ein Haus am Wasser ist ein Ort zum Entspannen. Und genau darum geht es beim Coastal Style: ein einladendes und behagliches Urlaubsambiente mit viel Leichtigkeit, das dazu einlädt, sich zurückzulehnen, zu entspannen und den Alltagsstress hinter sich zu lassen.

Der Coastal Style basiert auf natürlichen Elementen, inspiriert von Strand und Meer. Helle Nuancen wie Weiß, Beige, Sand und Blau dominieren und schaffen eine luftige und beruhigende Atmosphäre. Natürliche Materialien wie Treibholz, Rattan, Leinen und Stein verstärken das Gefühl von Authentizität. Große Fenster und luftige Vorhänge lassen viel natürliches Licht herein und bieten einen freien Blick auf die Natur.

Für einen modernen Küstenlook sind weiße Wände ideal, sie lassen Innenräume heller, leuchtender, leichter und größer erscheinen. Weiße Wände sind wie eine leere Staffelei, alles ist möglich. Sie werden ergänzt durch die sanften, natürlichen Farbtöne des Sandes und des Himmels und geben kräftigen oder knalligen Farbe die Möglichkeit, ihre Wirkung zu entfalten

Minimalistische Möbel aus natürlichen Materialien wie Stein und Holz, gerne mit abgeblätterter Farbe wie bei einem alten Fischerboot, verstärken den schlichten Reiz der Küstenarchitektur.

Ausgefärbte, verblasste Stoffe, aber auch Naturfasern wie Rattan und Seegras, die bekannt sind für ihre Flexibilität, Haltbarkeit und natürliche Schönheit, verleihen der Einrichtung einen natürlichen und authentischen Look.

# Coastal Style & Beachfeeling

# Himmel, Strand & Meer

## Die Farben der Küste

Farben können – ähnlich wie Gerüche – Stimmungen erzeugen und Erinnerungen hervorrufen. Wenn wir an den Himmel, den Sand und das Meer denken, kommen uns sofort bestimmte Farben in den Sinn. Ich lasse mich gerne von den Farben der Natur leiten, sie passen wunderbar und ganz natürlich zueinander.

**Blautöne** sind das Lebenselixier der Küste und erzeugen ein Gefühl von Ruhe und Entspannung. Der Himmel strahlt mal in einem klaren Blau und erinnert an sonnige Tage am Strand mit der endlosen Weite des Horizonts, aber auch mal in düsterem Grau, das uns gemütlich zuhause einkuscheln lässt.
Das Meer fasziniert mit einem Spiel aus blauen und türkisfarbenen Nuancen. An der Oberfläche reflektiert das bewegte Wasser glitzernd die Sonnenstrahlen, während die Unterwasserwelt geheimnisvoll für intensivere Töne steht.

Der Farbe **Türkis** wird eine spirituelle Heilkraft zugeschrieben – und tatsächlich verleiht sie jedem Raum Ruhe und Gelassenheit. Türkis bringt tropisches Strandfeeling in Wohnräume und lässt sich mit kleinen Elementen wie einer Vase oder einem Kissen schnell in einen Raum integrieren.

Blau und Türkis können in vielen verschiedenen Nuancen zum Einsatz kommen und verleihen den Räumen eine erfrischende Atmosphäre. Sie eignen sich hervorragend für Akzente wie Kissen, Dekoelemente und Vorhänge. Bei helleren Tönen kann auch gut mit Mustern gespielt werden.

**Neutrale Farbtöne** sind wie visuelle Pausen, sie sorgen für Harmonie, Ruhe und eine erholsame Stimmung. Der Sand, warm und sanft, zeigt sich in Erdtönen wie Beige, hellem Grau oder Creme. Diese dezenten, natürlichen Nuancen treten in den Hintergrund, schaffen eine harmonische, gemütliche Basis und strahlen Gemütlichkeit aus. Damit sind sie ideal für größere Flächen wie Wände oder Möbel.

# Materialien

Ein Zuhause ohne spannende Strukturen und Texturen ist für mich ein Zuhause ohne Seele. Natürliche, organische Materialien verleihen dem Raum eine authentische Note. Ihre Oberflächen wirken oft grob und rustikal: Treibholz und unbehandelte Holzbretter sind von Wind und Wetter gezeichnet, fast ausgelaugt; Steine sind natürlich und unbehauen, teils vom Wasser glatt geschliffen zu echten Handschmeichlern.

Naturfasern wie Rattan, Sisal, Seegras oder Jute, aber auch Holz, Bambus oder Steine schaffen ein sinnliches und zugleich haptisches Erlebnis. Die Kissen und Plaids verschwinden in schönen Flechtkörben bis sie zum Einkuscheln hervorgeholt werden. Ein Teppich aus Sisal verwöhnt drinnen die nackten Füße, während Holzbretter oder Naturstein draußen wie ein Barfußpfad wirken.

Fensterbeschattungen aus Seegras, leichte Gardinen oder innenliegende Jalousien („American Shutters") aus Holzlamellen sperren das Licht nicht vollends aus, sondern filtern es und tauchen den Wohnraum in eine behagliche Atmosphäre.

Mit der sorgfältigen Auswahl und Kombination der Materialien entsteht eine einzigartige und ganz persönliche Einrichtung, ein erholsamer Ort: dein Zuhause, deine eigene kleine Oase.

**Holz** ist ein zeitloses und vielseitiges Material. Ob rustikales, gealtertes Holz und Treibholz oder glatte, polierte Holzoberflächen – Holz bringt Natürlichkeit und Wärme in die Räume.

**Steine** erinnern an die raue Schönheit der Küstenlandschaft. Sie können als Bodenbeläge, Wandverkleidungen oder dekorative Accessoires verwendet werden.

**Stoffe**: Grobes Leinen oder Baumwolle, gerne auch zerknittert, dicke, handfeste Garne oder gar Stricke ergänzen die natürlichen Materialien und sorgen als Kissen, Decken oder Überwürfe für eine lässige Atmosphäre.

**Naturfasern** bringen eine natürliche Textur und Wärme in die Räume. Ob in Form von Körben, Lampenschirmen oder Teppichen – sie verleihen dem Zuhause natürliche Eleganz.

**Strandgut** wie Muscheln, Treibholz oder Seesterne, aber auch andere natürliche Schätze wie Zapfen oder besondere Steine können wunderbar als Dekoobjekte mit Erinnerungswert eingesetzt werden.

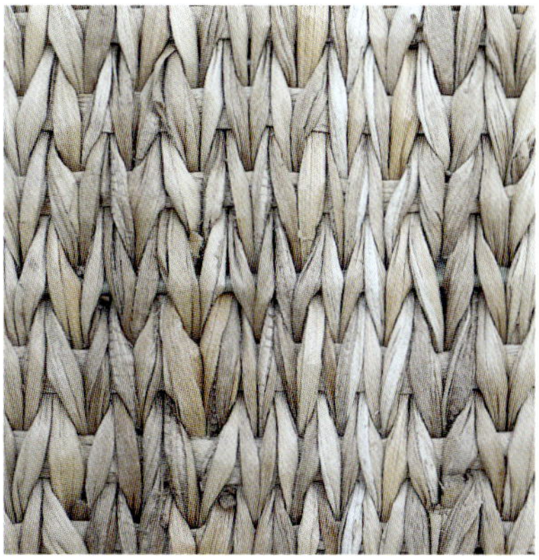

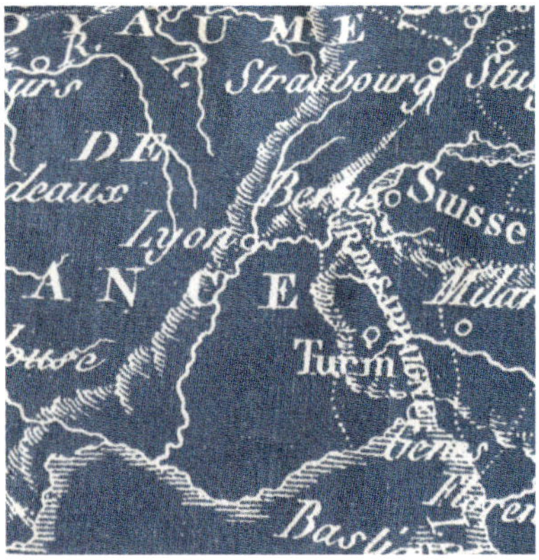
Strasbourg
Lyon
Suisse
Turin

# Muster

Muster bringen eine außergewöhnliche Vielfalt in schlichte Räume und setzen Akzente, die das Auge erfreuen. Ich verwende Muster gerne subtil und bedacht. Große Flächen halte ich dezent, während kleinere Elemente überraschen dürfen. So entstehen eine harmonische Balance und eine ruhige Gesamtwirkung, die jederzeit mit ein paar Handgriffen verändert werden können.

Besonders schön finde ich es, wenn Muster eine Geschichte erzählen, wie z. B. Zementfliesen mit einem marokkanischen Muster oder ein handgewebter Teppich. Auch ein Wiener Geflecht an Stühlen oder stilvolle Musterdrucke an Wänden verleihen dem Raum eine besondere Note und erzählen inspirierende Geschichten. Mit liebevollen Details schafft man eine Atmosphäre, die den Raum einzigartig zum Leben erweckt und die Fantasie beflügelt.

Muster können uns in fremde Welten entführen – vom geimnisvollen Bazar in Marrakesch bis zur schlichten Eleganz skandinavischer Häuserzeilen. Es lohnt sich, mit Streifen, Punkten, Karos usw. zu experimentieren, um den persönlichen Stil zu unterstreichen und den Räumen eine einladende und lebendige Ausstrahlung zu verleihen.

Textilien wie Kissenbezüge, Decken, Vorhänge oder Tischläufer mit interessanten Mustern bereichern das Ambiente. Ein Wandtattoo oder eine Tapete mit einem interessanten Motiv setzen spannende Akzente. Sogar die Wahl der Bettwäsche oder der Badematten kann mit subtilen oder auffälligeren Mustern für eine individuelle Note sorgen.

# Pflanzen

Sanseviera

Grün macht das Zuhause zum Urlaubsparadies. Mit der richtigen Auswahl der Zimmerpflanzen entsteht eine belebende grüne Oase, in der man relaxen, genießen und feiern kann – und ganz nebenbei verbessern Zimmerpflanzen auch das Raumklima.

**Palmen** sorgen wie keine andere Pflanzenfamilie für eine tropische Anmutung, wecken sommerliche Gefühle und bringen uns sofort an den Ort unserer Träume. Für nahezu jeden Standort im Haus kann man die passende Sorte finden. Palmen bilden dichte Wurzeln und benötigen geräumige Töpfe.

Geigenfeige

Auch **großblättrige Pflanzen** wie die Strelitzie, der Ululu oder die Geigenfeige bringen Urlaubsflair in die Wohnung. Sie filtern teilweise Schadstoffe aus der Luft und produzieren Sauerstoff.
Die pflegeleichte Zimmerpflanze Zamioculcas bringt mit ihren dicken Blättern Tropenfeeling ins Haus.

**Kakteen und Sukkulenten** sind lange nicht so widerborstig wie sie aussehen. Mit ihren Stacheln, dicken Blättern und ihrem teilweise bizarren Wuchs sind sie extrem anpassungsfähig – vor allem Hitze und Trockenheit stemmen sie mit links. Die spitzblättrige Agave, aber auch Hauswurz können Wasser über längere Zeit speichern, sodass man sich kaum darum kümmern muss.

Chinaschilf und Allium

**Mediterrane Kräuter** bringen mit ihrem aromatischen Duft den sonnigen Süden ins Haus und in den Garten. Ährensalbei und Lavendel holen auch farblich den Himmel auf den Balkon.

Zwischen **Gräsern** entlangschlendern ist, als befände man sich auf dem Weg über die Dünen zum Strand. Kann man ein schöneres Ziel haben? Gräser gibt es in unterschiedlichen Sorten und Wuchshöhen, sie sind unkompliziert und finden in Distel, Blauraute, Bartblume und Katzenminze passende Begleiter. Sie alle lieben Wärme und machen Garten, Terrasse und Balkon lange schön.

Kentiapalme

**Sanseviera**, auch Bogenhanf oder Blattsukkulente genannt, ist eine pflegeleichte Zimmerpflanze mit einer großen Arten- und Sortenvielfalt. Die aufrechtstehenden, dicken Blätter können flach oder rund sein und speichern das Wasser.

**Tillandsien** bilden kaum Wurzeln, sie benötigen also weder Substrat noch Pflanztopf, man kann sie auf Hölzer oder Steine, in ein Glas oder einen Korb setzen. Sie lieben es feucht und sollten nur besprüht werden, das Bad ist ein passender Ort für sie.

Tillandsien

Lavendel

Madagaskarpalme

Thymian

Strelitzie

Edeldistel

Chinaschilf

Farn Phlebodium

Hanfpalme

Zamioculas

Kugeldistel

Zebra-Gras

# einrichten

# Luft nach oben!

diy
Anleitung auf Seite 68

Großzügige Fenster öffnen den Wohnraum zur Terrasse, so kann man die Nähe zur Natur genießen. Der erhöhte Sichtdachstuhl verleiht dem Raum eine besondere Freiheit und Charakteristik.

**Muscheln und Korallen** sind von Natur aus Kunstwerke. Eyecatcher wie der **Deko-Seeigel** unterstreichen die Wirkung eines Raumes. **Bilder** sind wunderbare Erinnerungsstücke. Dieses Motiv entdeckte ich auf einer alten Metalltonne während einer Reise durch Amerika.

Coca

# beachy Chill Area

**Gemütliche Kissen** mit verschiedenen Texturen und Mustern laden dazu ein, sich fallen zu lassen und schaffen einen bequemen Rückzugsort. Unter der **großen Palme** fühlt man sich wie in den Tropen, fast kann man das sanfte Rascheln der Blätter im Wind hören. **Eine grobe Holzkiste** dient nicht nur als rustikaler Beistelltisch, sondern auch als Schatztruhe für Decken & Co und bringt einen Hauch Piratenromantik in den Wohnraum.

Ein Ort, um die Seele baumeln zu lassen. Mit den ruhigen Farbtönen versprüht er lässige Vibes und erinnert an erholsame Strandtage in den Tropen, fast spürt man den Sand unter den Füßen…

Für Urlaubsfeeling im Alltag sorgen besondere Erinnerungsstücke: Handgemachte **Unikate** wie ein Gefäß aus Teakholz und gewebtem Papierdraht oder ein selbstgebautes Tablett mit Fischgrätmuster stellen wunderschöne Dekoobjekte dar. **Kissen aus grobem Leinen** sind unverwüstlich und wirken zerknittert sogar noch schöner. **Seesterne** passen beim Coastal Style das ganze Jahr – sogar im Herbst und Winter.

Flohmarktfunde wie **Fensterläden** geben schlichten weißen Wänden Struktur und können als Aufhängung für Erinnerungsfotos oder ein **Holzschild** mit Spruch dienen. Gewöhnliche Gegenstände oder Massenware wie **Gläser** werden durch Zweckentfremdung und neue Kombinationen zu echten Hinguckern. Eine Vase kann durchaus auch ein hübsches Windlicht sein – oder umgekehrt. **Pflanzen**, besonders Palmen, bringen Frische und Exotik in jeden Raum.

Ein **Surfboard**, das ultimative „Strand-Spielzeug", verleiht dem Raum Coolness und stellt eine Hommage an einen freigeistigen und entspannten Lebensstil dar.

# Coastal Cozyness

Helle Farben gemischt mit altem Holz bringen Entspannung in einen Raum. Mit dem wechselnden Einfall des Lichts ändert sich auch die Atmosphäre.

**Gemütliche Sitzecken** sollten nicht fehlen – Kerzenlicht sorgt hier für besondere Gemütlichkeit.

Eine **reduzierte Möblierung** wirkt wie eine beruhigende Erinnerung an die Weite des Ozeans. Diese Zurückhaltung spiegelt die entspannte Einfachheit von Küstenwohnungen wider. **Zimmerpflanzen** sehen nicht nur gut aus, sie lockern auch die Atmosphäre auf und sorgen für ein gutes Raumklima.

Ein **Sideboard** bietet eine Fläche für immer wechselnde „Ausstellungen". Besonders ästhetisch wirkt es, wenn man dabei mit Gegensätzen spielt, unterschiedlich große Gegenstände variiert und Dekoobjekte in kleinen Gruppen arrangiert.

# Gemeinsam genießen

An einem maritim gedeckten Tisch hat man das Gefühl, als säße man in den Dünen bei Sonnenuntergang. Diese wertvollen Momente des Zusammenseins sind wie ein kleiner Urlaub für die Seele.

Wie bei einem entspannten Abend am Meer ist das **Geschirr** lässig kombiniert mit Tellern aus Palmblättern und natürlichen Strohhalmen aus Bambus. Mit Seil und **Seemannsknoten** werden Holzbesteck und gerissene Baumwollservietten in ausgewaschenem Blau zusammen gebunden. Muscheln ersetzen die **Kerzenständer**. Dazu habe ich ein wenig Wachs auf die Muschel tropfen lassen und die Kerze hineingedrückt. Ein Fischernetz und ein paar Muscheln runden das Ambiente ab.

Ein paar **knallig-bunte Farben** sorgen für genau den richtigen visuellen Bruch und drücken mit ihrer fröhlichen Frische der Einrichtung einen karibischen Stempel auf.

Bei einem **offenen Wohnkonzept** gehen die Räume ineinander über. Bei uns sind das Wohnzimmer, der Essbereich und die Küche ein offener Bereich. **Sichtbare Holzbalken**, gerne roh und rustikal, stehen im spannenden Kontrast zur Schlichtheit der hellen Wände und Decken.

diy
Anleitung auf Seite 70

Die **schlichte Kommode** ist ein schöner Ort für immer wechselnde Dekorationen. Das Weiß der Kommode und Wände harmoniert mit verschiedenen Stilrichtungen ebenso wie mit jahreszeitlicher Deko. Besondere Erbstücke, glückliche Flohmarktfunde und selbstgemachte Schätze bringen Leben in das Wohnkonzept.

# Dine in & Take out

Der Mix macht es: In der Küche treffen marokkanische Zementfliesen auf eine alte Stalltür und Scheunenbalken. Das Farbkonzept aus Weiß-, Blau- und Holztönen hält alles zusammen.

Die **offene Küche** ist sehr kommunikativ. Sie hat den Vorteil, dass man stets alles im Blick hat und Teil des Geschehens ist, auch wenn man gerade das Essen zubereitet. Ein direkter **Zugang nach draußen** versorgt uns jederzeit mit frischen Kräutern aus dem Garten.

Wie ich meinen **Kaffee** mag?
Mit Dir! Am Strand!

# Ankommen im Heimathafen

Die Diele empfängt Bewohner und Gäste mit einer frischen Meeresbrise. Helle Farben, natürliche Materialien und tropische Pflanzen verleihen ihr einen luftigen und erfrischenden Flair.

Beim Betreten des Hauses wird man mit **ikonischen Küstenelementen** empfangen: Rustikale Körbe, selbstgemachte Bojen und alte Paddel setzen einen reizvollen Kontrast zu den hellen, entspannenden Farbtönen und wecken sofort Coastal Vibes. Bereits an der Haustür begrüßen Palmwedel. Von hier schweift der Blick quer durch das Haus bis in den Garten.

diy
Anleitung auf Seite 90

Eine **große Sitzbank** mit kuscheligen Kissen, auf der man sich jederzeit für einen „Schnack" niederlassen kann, sorgt im Flur für Wohlfühlatmosphäre und gemütliche Ungezwungenheit.

Strandgut wie Treibholz schippert uns gedanklich direkt ans Meer. Mitbringsel aus dem Urlaub oder von wunderbaren Ausflügen – wie zum Beispiel diese alten Fensterläden – werden zu liebgewonnenen und unbezahlbaren Erinnerungsstücken im eigenen Zuhause.

Ein selbstgemaltes Schild an der Garderobe übermittelt die freundliche Aufforderung, bitte die Schuhe auszuziehen.

I'm
not lazy
I'm on
energy
saving

# Meer in Sicht!

Ein Zimmer mit Aussicht – mit Meerblick – weckt unmittelbar Erinnerungen an entspannte Urlaubstage und bringt uns gedanklich an den Ort unserer Sehnsucht zurück. Eine helle, luftige Atmosphäre lässt uns tief durchatmen.

**Körbe** aus Naturmaterialien halten Kissen und Decken griffbereit oder kommen als Blumenübertöpfe zum Einsatz. **Eine Fototapete**, ein großes **Bild** vom letzten Urlaub, ist eine wunderbare Erinnerung und ein echter Hingucker. Es müssen nicht alle Türen in einem Zuhause gleich sein. Der urbane Charakter der **Metalltür** im Industrial-Style setzt einen markanten Akzent und stellt einen spannenden Kontrast zur Leichtigkeit der natürlichen Elemente dar.

eine Wand ...

... zwei Möglichkeiten

Mit einfachen Mitteln und ein wenig Fantasie lässt sich ganz einfach und ohne große Kosten **Abwechslung** in Räume bringen. Die Kiste vor dem Bett kann einer Rattantruhe weichen oder durch Körbe ersetzt werden. Das **Nachtkästchen** muss nicht immer das gleiche sein und kann schnell umgestellt oder ausgetauscht werden, zum Beispiel gegen einen Hocker oder Stuhl. Mit wechselnder Bettwäsche und variierenden Kissen sowie verschiedenen Pflanzen und Lampen erhält ein Raum schnell einen neuen Look. **Deko-Accessoires** wirken oft spontan und zufällig, wie zum Beispiel dieser Strohhut und die Tasche am Haken. Weiche **Kissen** sind nicht nur gut für eine Kissenschlacht, zusammen mit luftigen **Vorhängen** machen Sie das Schlafzimmer zum Wohlfühlort.

# Gute Nacht

Das Schlafzimmer ist ein gemütlicher Ort des Rückzugs. Hier finden wir Erholung und können uns entspannt ans Meer träumen.

Mit **luftigen Möbeln** und liebgewonnen **Accessoires** startet man inspiriert und gut gelaunt in den Tag. Das Streifen-Design der Körbe, die Landkarte und der Anker schaffen ein maritimes Flair.

# Ankerplatz
## mit Fernweh

Der Flur ist eine schöne Verbindung zwischen Schlafzimmer und Badezimmer, zwischen entspannter Atmosphäre und erfrischender Vorfreude auf einen neuen Tag.

diy
Anleitung auf Seite 102

Die Vielfalt von **Muscheln** macht sie zu geliebten Dekogegenständen. In individuellen Dekoarrangements kommen sie hervorragend zur Geltung: Ob in einem Glas, an einem Bilderrahmen, als Wandbehang oder Girlande – die Möglichkeiten sind endlos und bringen die magische Fülle des Ozeans in das Zuhause.

# Freischwimmer

Im Badezimmer verschmelzen luftige Farben und natürliche Elemente zu einer einladenden Oase. Türkise Akzente sorgen für fröhliche Stimmung.

Mit hellen Farben, großen Spiegeln, Glastrennwänden und einzelnen, ausgesuchten Dekostücken kann auch ein kleines Badezimmer Größe beweisen. **Accessoires** in Aquatönen holen passenderweise die Weite des Ozeans ins Badezimmer. Strandfunde wie Muscheln, vom Wasser rundgescheuerte Kieselsteine und natürlich Treibholz ergänzen den „Beachy-Fair" perfekt. Als **Gardinenstange** fungiert im Bad ein Paddel – praktisch und dekorativ zugleich. **Kiesel** als partieller Bodenbelag oder Wandverkleidung erinnern an einsame Kiesstrände und massieren zugleich die Fusssohlen.

diy
Anleitung auf Seite 104

# Platz für Gäste

Ein Gästezimmer mit Bambus-Wandverkleidung heißt Besucher exotisch willkommen. Mit gemütlichen Farben und vielen Kissen fühlen sie sich gleich wie zuhause.

**Wandpaneele** aus Bambus strahlen gleichzeitig Wärme und Fernweh aus. Es gibt sie günstig im Gartenbedarf als Zaun von der Rolle. **Dekoleitern** aus dicken Ästen sind schnell zusammen geschraubt und eignen sich ideal, um sie mit leuchtenden Lichterketten oder schönen Dekogirlanden zu drappieren und ein gemütliches Wohlfühlambiente zu schaffen. Alte, aufbereitete **Fensterläden** vom Flohmarkt ersetzen das Kopfteil des Gästebetts. Ein Korb wird an der Wand zu einem ungewöhnlichen **Regal**, das kleine, leichte Dekorationen beherbergen kann. Gestapelte Sitzkissen ersetzen ganz schnell einen kleinen Beistelltisch. Körbe eigenen sich auch wunderbar als **Blumenübertopf** – unbedingt einen Untersetzer unter den Pflanztopf legen.

diy
Anleitung auf Seite 76

Ein **Schrank** im Gästezimmer beherbergt Bettwäsche und Ersatzdecken, sodass es sich jeder Gast so kuschelig einrichten kann, wie es ihm beliebt. Karten und Zettel mit persönlichen **Botschaften** machen einen Raum lebendig und individuell. **Gästetücher** – hübsch präsentiert – heißen jeden Gast willkommen. Mit Pflanzen und stimmigen **Accessoires** wird auch ein Gästezimmer zur Wohlfühloase.

# Der Steg ist das Ziel

Hohe Gräser umrahmen den Weg, der zum Haus führt, wie einen Steg. Vor dem Haus wird man von einer geräumigen Veranda empfangen.

diy
Anleitung auf Seite 108

Schon vor der Haustür erkennt man die Vorlieben der Bewohner: Terrassenmöbel, Wandverkleidungen und Blumentöpfe aus **weiß gestrichenen Holzlatten** sind Paradebeispiele für den Hampton-Style. Fliesen in Holzoptik formen sich zu einem Steg, der durch naturbelassene **Flusssteine** einen authentischen Schliff erhält. Pflanzen sind in verschiedenen Höhen arrangiert. Wiederholungen im Beet sowie eine reduzierte Farbigkeit wirken beruhigend. Bei geschickter Auswahl und Zusammenstellung sowie dem richtigen Standort der Gewächse erfreut man sich das ganze Jahr über an einem schönen Garten. Meine Beete sind von weißen Pflanzen dominiert, ergänzt von einer Palette an Rosa-, Flieder- und Blautönen. Das Grundgerüst bilden verschiedene **Gräser** und **Immergün**, die mit Stauden, Büschen und Zwiebelblumen kombiniert werden. Dank der unterschiedlichen Blühperioden finden sich immer Farbtupfer im Garten.

# Wohlfühloasen rund ums Haus

Ein Ausflug zum Strand mit einer frischen Brise Meerluft ist zu jeder Jahreszeit ein berauschendes Erlebnis. Die Terrasse ist der perfekte Ort, um dieses Glücksgefühl nach Hause zu holen.

Egal wie weit man von der Küste entfernt wohnt, es gibt viele Möglichkeiten, sich auch zuhause an die entspannten Zeiten am Wasser zu erinnern: ein **Lichtermeer** am Abend, **Kissen** mit tropischen Motiven und maritimen Farben oder Treibholz und Muscheln als Dekoelemente – und natürlich Palmen in verschiedenen Sorten und Größen, denn wer sitzt nicht gerne unter Palmen? Ein abgesägter **Holstamm** verwandelt sich zu einem praktischen Beistelltisch, ein rostiger **Anker** wird zur rustikalen Tischdeko und Körbe erscheinen mit Kerzen oder Lichterketten in neuem Licht.

Aus Seilen, Bändern und Platzsets lassen sich Vasen oder andere Glasgefäße kreativ, einfach und schnell zu individuellen **Windlichtern** upcyceln.

Verschiedene **Sitzgelegenheiten** ermöglichen immer neue Blickwinkel auf das Haus und in den Garten. Dabei kann man wunderbar mit der Sonne wandern. Der angenehmste Platz an einem heißen Sommertag befindet sich im Schatten eines Baumes, wo der kühlende Wind über die Haut streichelt. Den Abend genießt man schwelgend in einem Meer aus Lichtern.

Kreative **Tischdeko** aus dem, was Garten und Strand hergeben. **Lichterketten** kann man ganz einfach an Treibhölzer hängen, die sich überall aufstellen oder anlehnen lassen.

Es muss nicht immer die Lounge-Garnitur sein, um es sich gemütlich zu machen, auch ein **Sitzkissen** oder eine Decke in der Wiese laden zum Träumen ein. Eine **Feuerschale** sorgt für Abenteuerromantik.

# selbermachen

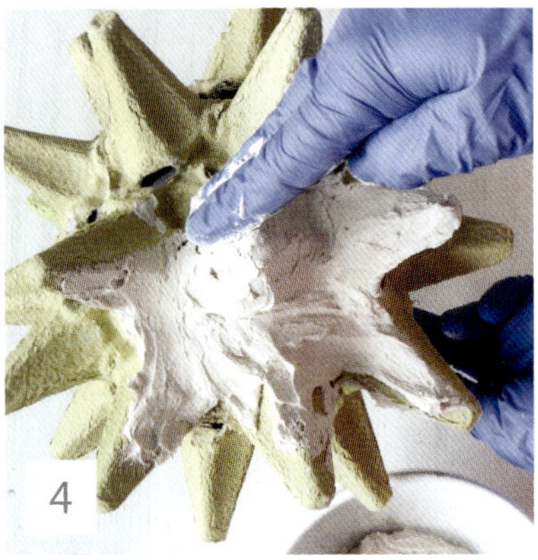


## MATERIAL

- Eierkartons
- (Styropor-) Kugel, Ø 15 cm
- Heißkleber
- Spachtelmasse, fertig oder zum Anrühren

## WERKZEUG

- Heißklebepistole
- Spachtel
- Gummihandschuhe
- Schleifpapier (optional)

## SO GEHT'S

1. Die Spitzen aus dem Eierkarton reißen.
2. Eierkartonspitzen mit etwas Heißkleber auf die Styroporkugel kleben.
3. Spachtelmasse mit Spachtel und Gummihandschuhen auf der Styroporkugel verteilen und glatt streichen. Dabei die Löcher zwischen den Spitzen füllen.
4. Die Oberfläche nach Bedarf mit Schleifpapier bearbeiten, um eine feinere Optik zu erzeugen.

# Deko-Seeigel

Diese abstrakte Interpretation eines Seeigels ist eine Hommage an die Vielfalt der Unterwasserwelt. Die grobe Oberfläche verleiht dem Objekt eine interessante Haptik. Durch ihre außergewöhnliche Form sticht die Dekokugel sofort ins Auge.

# Holz-Schwimmer

Diese besonderen Ketten aus Holz fangen die Sehnsucht nach dem Meer ein. Mit einer Schlaufe am Ende können sie stilvoll aufgehängt oder lässig auf einer Ablage drapiert werden.

1a

1b

1c

2

3

4

## MATERIAL

- Treibholz oder Holzreste, möglichst gerade und in unterschiedlichen Stärken
- Acryllack in Wunschfarbe (optional)
- Seil

## WERKZEUG

- Kapsäge
- Schleifpapier / Schleifgerät
- Bohrer
- Schere

## SO GEHT'S

1. Hölzer in unterschiedlich dicke Scheiben sägen.
2. Kanten der Scheiben mit grobem Schleifpapier abrunden.
3. In die Scheiben mittig ein Loch bohren. Die Größe richtet sich nach der Stärke des Seils. Hölzer nach Belieben bemalen.
4. Das Seil durch die Löcher fädeln, an einem Ende eine Schlaufe binden, das andere Ende mit Knoten fixieren. Zum Schluss das Seil kurz hinter dem Knoten abschneiden.

**Tipp:**

Wer kein Treibholz zur Hand hat, nimmt leicht verwittertes Holz, und entfernt, wenn nötig, die Rinde.

**Tipp:**

Zum Bearbeiten und Trocknen der Kerzenteller eine alte Pappschachtel als Halterung verwenden.

## MATERIAL

- Kerzenteller zum Stecken
- Acrylfarbe in Weiß
- Backpulver
- Treibholz, ca. 30–40 cm lang

## WERKZEUG

- Pinsel
- Bohrer

## SO GEHT'S

1. Kerzenteller mit Pinsel und Acrylfarbe weiß bemalen.
2. Auf der noch feuchten Farbe Backpulver verteilen, sodass sich Bläschen bilden.
3. Kerzenteller trocknen lassen.
4. Mit dem Bohrer kleine Löcher für die Teelichter ins Holz bohren.
5. Kerzenteller in die vorgebohrten Löcher stecken.

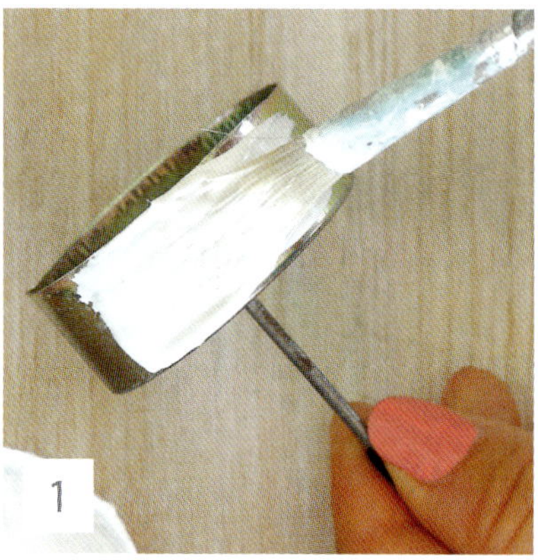

1

2

# Treibholz-Lichterbalken

Treibholz hat einige Zeit auf hoher See verbracht, bevor Ebbe und Flut es sonnengebleicht an den Strand spülen. Jedes Stück bringt ein einzigartiges, rustikales Küstenflair in das Zuhause.

3

4

5

## MATERIAL

- Holzbrett oder Holzrest, ca. 1 cm stark
- Juteband
- Acryllack in Weiß (optional)

## WERKZEUG

- Bleistift
- Dekupiersäge oder Stichsäge
- Bohrer
- Schleifpapier / Schleifgerät
- Pinsel

## SO GEHT'S

1. Vorlage (S. 136/137) auf das Holz übertragen.
2. Objekt entlang der gezeichneten Kanten aussägen.
3. Oben an der Spitze mittig ein Loch bohren, durch das das Band gefädelt werden kann.
4. Kanten und Seiten glatt schleifen.
5. Nach Belieben bemalen und nochmals schleifen. Zum Schluss ein Stück Juteband durch das Loch ziehen und verknoten.

# Surfboard-Anhänger

Ein Surfboard – auch wenn es nur ein kleiner Anhänger ist – bringt ein Gefühl von Freiheit und Lässigkeit mit sich. Es ist ein persönliches Erinnerungsstück an abenteuerliche Stunden am Meer.

# Wabisabi-Schale

Mit ihrer einzigartigen Textur wird diese „Schüssel auf Füßen" vom Gebrauchsgegenstand zum originellen Deko-Objekt im Wabisabi-Style.

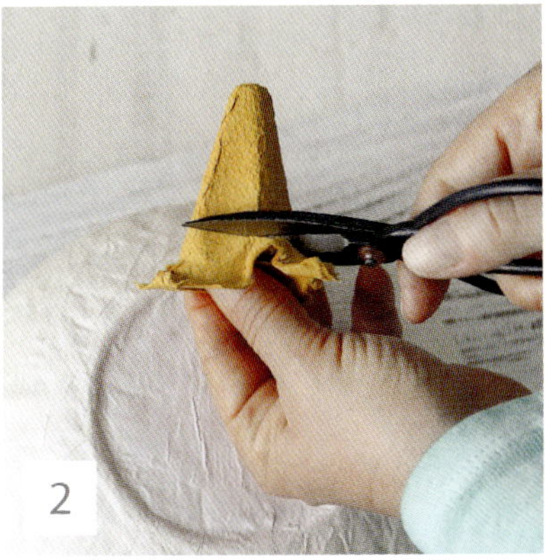


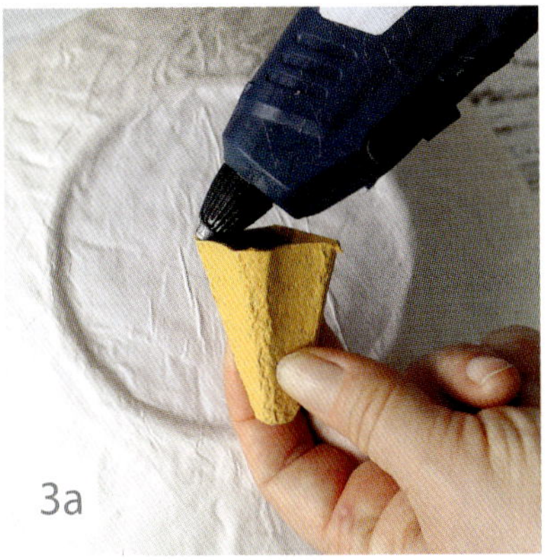

## MATERIAL

- Pappmaché-Schüssel
- Eierkarton
- Heißkleber
- Spachtelmasse, fertig oder zum Anrühren
- Farbe (optiona)l

## WERKZEUG

- Schere
- Heißklebepistole
- Gummihandschuhe

## SO GEHT'S

1. Pappmaché-Schüssel erstellen (siehe Seite 80).
2. Vier Spitzen aus einem Eierkarton schneiden.
3. Schnittflächen der Eierkartonspitzen mit Heißkleber versehen und auf der Unterseite der Schüssel aufkleben.
4. Schale und Füße von innen und außen dünn mit der Spachtelmasse bestreichen.

# Flecht-Windlicht

In Afrika und Asien hat das Flechten von Körben aus Naturmaterialien eine lange Tradition. Dieses Windlicht greift die Technik auf und lässt durch sein kunstvolles Flechtmuster das sanfte Kerzenlicht hindurchschimmern.

**Tipp:**
Zur Sicherheit das Teelicht in ein Glas stellen oder LED-Lichter verwenden.

1

2

3

## MATERIAL

– 1 Bogen Kopierpapier in Weiß, A3
– Klebestreifen oder Klebestift

## WERKZEUG

– Schere oder Cutter

## SO GEHT'S

1. Papier der Länge nach in acht gleich breite Streifen schneiden.
2. Vier Streifen senkrecht hinlegen. Die übrigen vier Streifen waagerecht darauf legen.
3. Die Streifen miteinander verweben. Dazu die senkrechten Streifen abwechselnd über und unter den waagerechten Streifen durchführen.
4. Nun den Boden falten. Hierfür auf jeder Seite die mittleren beiden Streifen zur Mitte falten.
5. Jetzt werden die Seitenwände gearbeitet, indem die Streifen wie in Schritt 3 miteinander verwebt werden.
   Ringsherum arbeiten, sodass die vier Seitenwände miteinander verwoben werden.
6. Die Enden der Streifen zusammen kleben und die überstehenden Streifen abschneiden.

1

2a

2b

3

4a

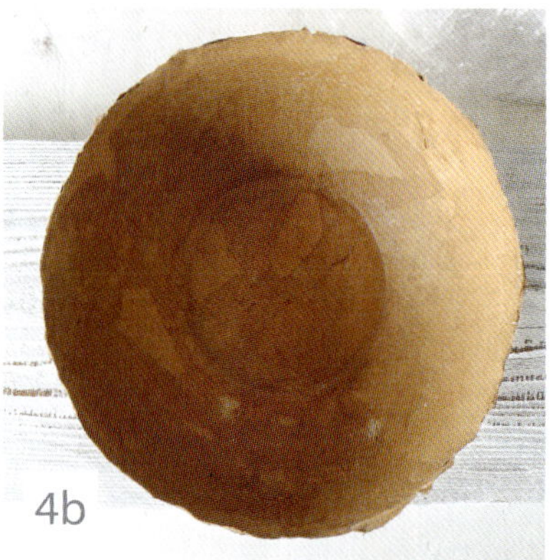

4b

5

## MATERIAL

- Frischhaltefolie
- Tapetenkleister
- Packpapier
- Lackstift in Wunschfarbe

## WERKZEUG

- Schüssel

## SO GEHT'S

1. Schüssel mit Frischhaltefolie umwickeln.
2. Tapetenkleister auf der Oberfläche verteilen und mit Papierschnipseln bekleben.
3. Mehrere Papierlagen übereinander sorgen für Stabilität.
4. Schale etwa einen Tag trocknen lassen und vorsichtig von der Vorlage-Schüssel lösen.
5. Mit dem Lackstift rundherum schlichte Verzierungen anbringen.

# Packpapier-schüssel

Aus einfachen Materialien wie Zeitungs- oder Packpapier und Kleister lassen sich individuelle Schönheiten herstellen. Diese  Pappmaché-Schale ist ein originelles Upcycling-Projekt.

# Upcycling-Geschenkbox

Eine Geschenkverpackung aus einem Milchkarton ist umweltfreundlich und kreativ. Die original belassene Oberfläche passt charmant zur Grundidee des Upcyclings.

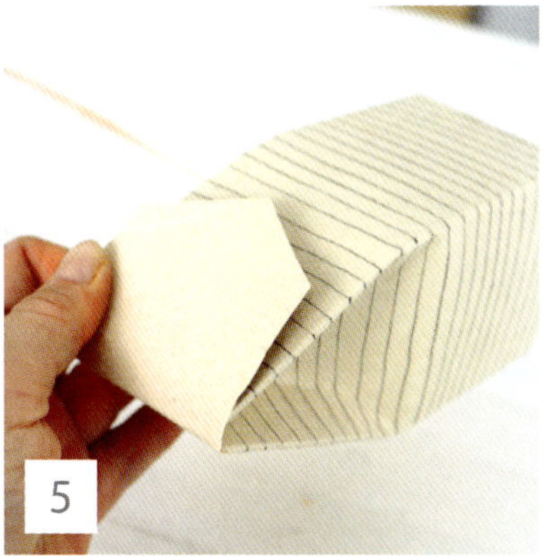


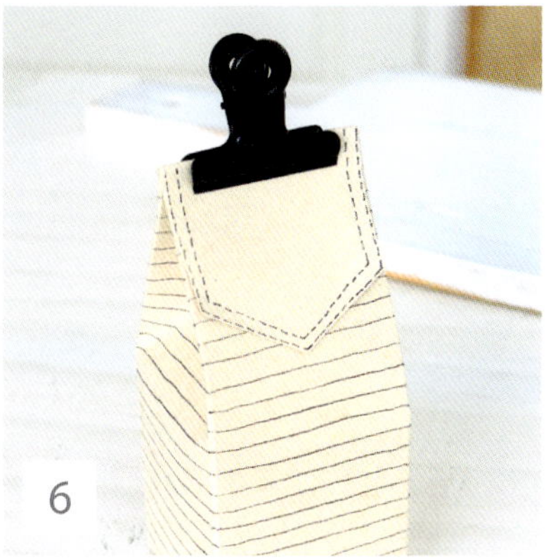


## MATERIAL

- Milchtüte
- Bulldog-Klammer

## WERKZEUG

- Schere
- Stift in Schwarz

## SO GEHT'S

1. Äußere Papierschicht von der Milchtüte ablösen.
2. Obere Kante 6 cm einkürzen. Eine Seite stehen lassen und die obere Kante dreieckig zuschneiden.
3. Seitenkanten mittig nach innen knicken.
4. Mit dem Stift per Hand ein Linienmuster ringsherum aufzeichnen. Der Abstand zwischen den Linien beträgt hier ca. 5 mm.
5. Die Lasche nach vorne klappen.
6. Zum Verschließen die Klammer verwenden.

## MATERIAL

- Milchtüte
- Acryllack
- Schnur oder Sisal-Band
- Heißkleber

## WERKZEUG

- Lineal
- Stift
- Schere
- Locher
- Pinsel
- Heißklebepistole

## SO GEHT'S

1. Äußere Papierschicht von der Verpackung ablösen.
2. Tetrapack platt knicken, sodass die Vorderseite mittig vorne liegt. Auf einer Seite ein Dreieck an der oberen Kante aufzeichnen und von der Spitze aus einschneiden.
3. Tetrapack umdrehen, eingeschnittene Flächen aufklappen, die Linien des Dreiecks bis zur Spitze aufzeichnen und einschneiden.
4. In die hintere Spitze ein Loch stanzen und die Tüte ringsherum lackieren.
5. Das Band in Runden um den unteren Rand des Tetrapacks wickeln und mit Heißkleber befestigen.
6. Auch um die Öffnung der Tüte einen Streifen Band kleben. Nach Belieben die vordere Spitze verzieren und das Band zum Aufhängen durch das Loch ziehen.

1

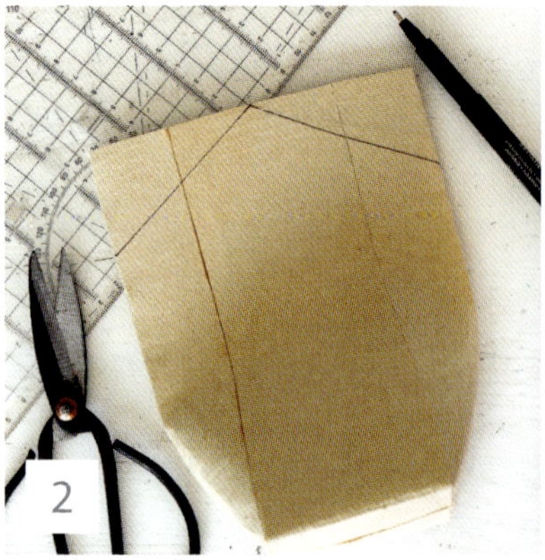
2

3

4

5

6

# Hänge-Pflanztopf

Eine Milchtüte oder Saftpackung eignet sich ideal als Pflanztopf oder Vase. So schick gemacht, sieht man ihr die Herkunft gar nicht mehr an.

# Kokos-Schalen

Wo kann man sich schöner tropischen Träumen hingeben, als unter Palmen? Und wenn man die Kokosnuss bereits zum Teelicht umfunktioniert hat, fällt sie einem dabei auch nicht mehr auf den Kopf.

**Tipp:**

Das Kokoswasser zum Trinken auffangen, das Kokosfleisch als Snack verzehren.

1a

1b

2

## MATERIAL

- Kokosnuss
- Lack oder Sprühfarbe in Mintgrün

## WERKZEUG

- Bohrer
- Handsäge
- Messer

## SO GEHT'S

1. In einen der drei dunklen Flecken der Kokosnuss ein Loch bohren und das Kokoswasser ausgießen.
2. Die Nuss etwa mittig mit der Säge aufschneiden.
3. Das Fruchtfleisch mit dem Messer heraus lösen.
4. Mit dem Bohrer Löcher in die Schale bohren.
5. Die Innenseite der Schale bemalen.

# Eisstiel-Windlicht

Das macht Sommerlaune: Eis schlecken und dann die Stiele zum Basteln verwenden. Ein erfrischendes DIY für fröhliche Sommerstimmung. Damit geht der Sommer nie zu Ende...

## MATERIAL

- Acrylfarbe in Gold
- Eisstiele
- gerades Glas
- doppelseitiges Klebeband
- Anhänger o. Ä.
- Juteband

## WERKZEUG

- Pinsel
- Schere

## SO GEHT'S

1. Eisstiele einseitig anstreichen.
2. Doppelseitiges Klebeband mittig um das Glas kleben.
3. Eisstiele mit der nicht bemalten Seite nach außen auf dem Klebeband fixieren, dabei abwechselnd nach oben und unten versetzen.
4. Anhänger oder gewünschtes Dekoelement aufkleben und ein Band darum binden.

1a

1b

1c

2

3

4

## MATERIAL

- alte Balken oder Holzstempen
- Farbe (optional)
- Seil

## WERKZEUG

- Kappsäge
- Bohrer
- Feile

## SO GEHT'S

1. Balken mit der Kappsäge auf die gewünschte Länge sägen. Ein schönes Seitenverhältnis ist 2:1. Anschließend die Spitze formen. Dazu die Seiten etwa im 60° Winkel zusägen und oben eine kleine gerade Fläche stehen lassen.
2. Mit einem Lochbohrer ein Loch für das Seil in die Spitze bohren.
3. Kanten mit einer groben Feile glatt schleifen.
4. Bojen streichen und nach Belieben nochmals abschleifen. Anschließend das Seil durch das Loch ziehen und verknoten.

**Tipp:**

Das Seil an den Enden mit einem dünneren Faden umwickeln, damit es sich nicht auftrennt.

# Boje

Diese Charakterstücke aus dicken, alten Balken bringen sofort Hafenromantik in jedes Strandhaus.

1

2a

2b

# Holz-Leuchttürme

Leuchttürme bieten Schiffen auf See Orientierung. Unserem Zuhause weisen sie den Weg zum maritimen Flair.

## MATERIAL

- Treibholz, möglichst gerade und rund, bzw. Rundhölzer in unterschiedlichen Stärken und Längen
- Malerkrepp
- Holzfarbe in Weiß
- Holzleim

## WERKZEUG

- Kapsäge
- Forstnerbohrer
- Schleifpapier / Schleifgerät

## SO GEHT'S

1. Rundhölzer auf die gewünschte Länge zusägen.
2. Mit dem Forstnerbohrer ein oder zwei Löcher in die Hölzer bohren.
3. Kanten glatt schleifen.
4. Mit Malerkrepp waagerechte Streifen abkleben, Zwischenräume streichen. Trocknen lassen und Kreppband wieder abziehen.
5. Kleinere Rundholz-Stücke auf die obere Fläche kleben.

3

4

5

# Holz-Kerzenständer

Kerzenhalter hat man doch nie genug. Und diese schlichten, rustikalen Kerzenständer aus Holz lassen sich ganz vielfältig einsetzen. In eine Tasse gesteckt, hat man den passenden Kerzenständer zum Geschirr.

1a

1b

2a

2b

3

4

**MATERIAL**

- Holzstück, mindestens 2 cm Stärke
- Acryllack in Weiß

**WERKZEUG**

- Lochbohrer
- Forstnerbohrer
- Pinsel
- Schleifpapier, 120er Körnung

**SO GEHT'S**

1. Mit dem Lochbohrer Scheiben mit dem gewünschten Durchmesser aussägen.
2. Mittig mit dem Forstnerbohrer ein Loch als Kerzenhalterung bohren.
3. Scheiben grob lackieren.
4. Fläche, Seiten und Kanten mit Schleifpapier glatt schleifen.

**Tipp:**

Je höher die Nummer auf dem Schleifpapier, desto feiner die Körnung, desto glatter werden die Flächen und Kanten.

1

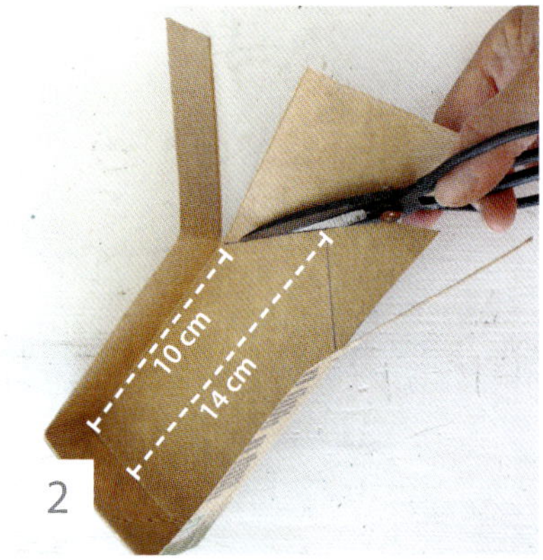

2

3a

3b

4

5

6

7

## MATERIAL

- Milchtüte
- Klebeband
- doppelseitiges Klebeband
- Holzklötzchen
- Raysin oder Gips
- Bambusstäbe oder trockene Grashalme
- Heißkleber

## WERKZEUG

- Schere
- Lineal
- Bleistift
- feines Schleifpapier
- Heißklebepistole

## SO GEHT'S

1. Die Oberseite der Milchtüte wegschneiden und die Packung der Länge nach halbieren.
2. Auf der breiten Seite ein Dach aufzeichnen und zuschneiden.
3. Die schmalen Seitenstreifen so einknicken und zurechtschneiden, dass sie das Dach einrahmen, und alle Schlitze gut mit Klebeband fixieren.
4. Das Holzklötzchen mit doppelseitigem Klebeband unten mittig platzieren. Raysin nach Packungsanleitung anrühren und in die Form gießen.
5. Form leicht klopfen, damit sich die Masse glättet. Seitenwände mit Holzbrettern o. Ä. in Form halten.
6. Nach ca. 1 Stunde vorsichtig aus der Form lösen und Kanten mit Schleifpapier glätten.
7. Halme auf gewünschte Länge schneiden und mit Heißkleber als Dach und über der Tür anbringen.

# tropische Strandhütte

Wer träumt nicht von einer Hütte am Strand? Mit einer Milchtüte, Grashalmen und etwas Fantasie ist ganz schnell ein Miniatur-Strandhaus gebaut.

# Gipsschälchen

Tauche ein in ein gemütliches Lichtermeer und lass dich verzaubern. Die kleinen Gipslichter strahlen eine warme Fröhlichkeit aus und sind perfekt für Teelichter geeignet. Besonders reizvoll wirkt dieses Arrangement durch die charmante Unvollkommenheit der unregelmäßig ausgefransten Ränder.

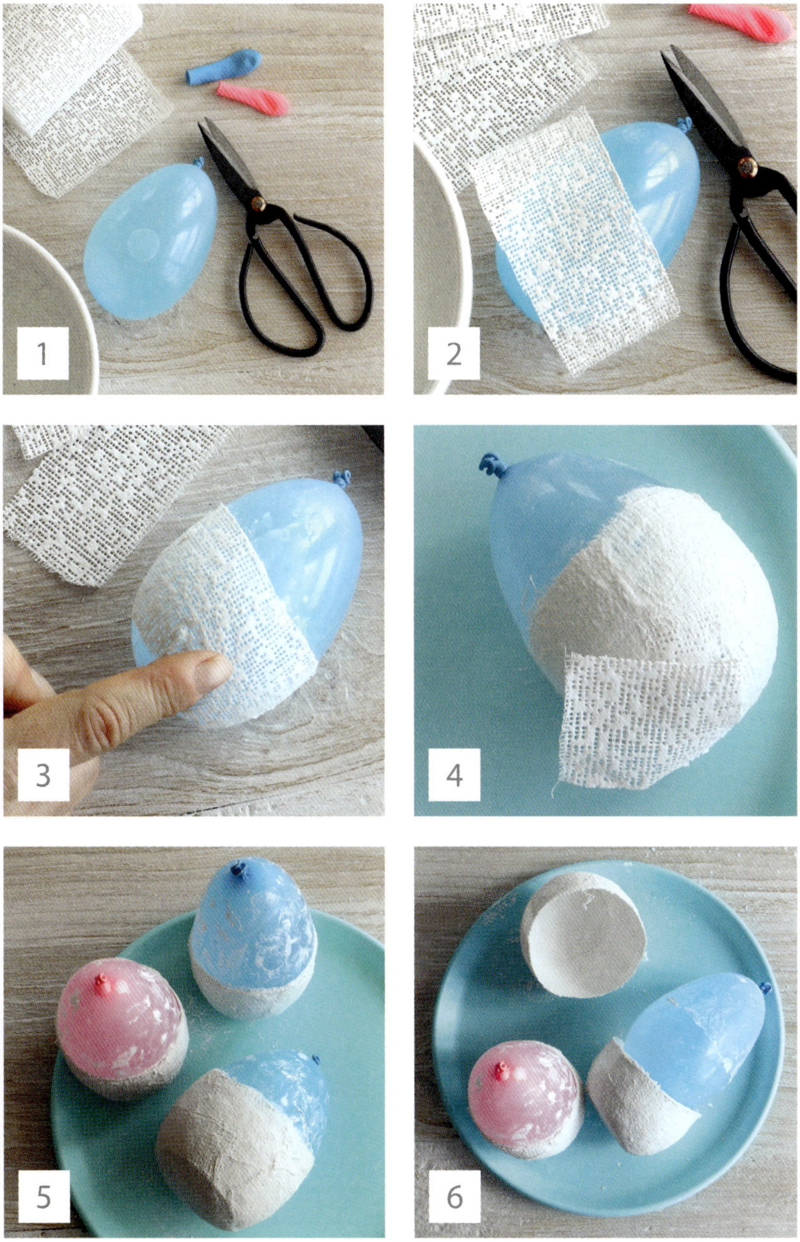


## MATERIAL

- Wasserballon
- Wasser
- Gipsbinden
- Teelicht

## WERKZEUG

- Schere

## SO GEHT'S

1. Ballon mit Wasser füllen und zuknoten.
2. Gipsbinden mit der Schere zuschneiden, nacheinander auf den Ballon legen und gut nass machen.
3. Wenn der Gips aufweicht, mit dem Finger die Masse verwischen.
4. Für bessere Stabilität mehrere Lagen auftragen.
5. Im feuchten Zustand auf einen glatten Untergrund legen und leicht andrücken, damit eine ebene Auflagefläche entsteht.
6. Nach dem Trocknen (ca. ½ Stunde) den Ballon vorsichtig entfernen.
7. Anschließend ein Teelicht in das Schälchen stellen.

**Tipp:**

Gips weicht bei Feuchtigkeit wieder auf, daher zum Schutz die fertige Form mit Acryllack streichen

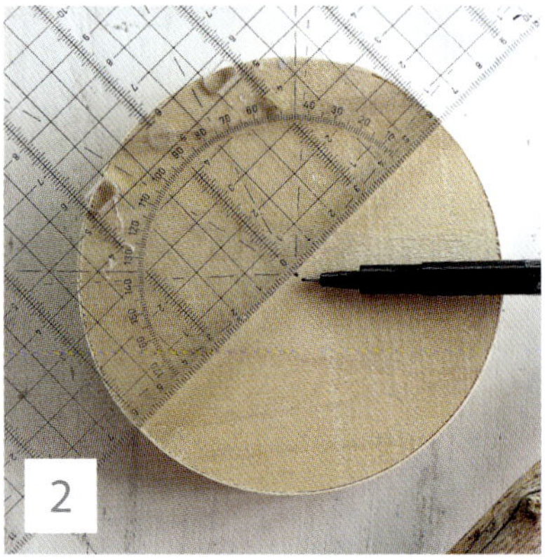


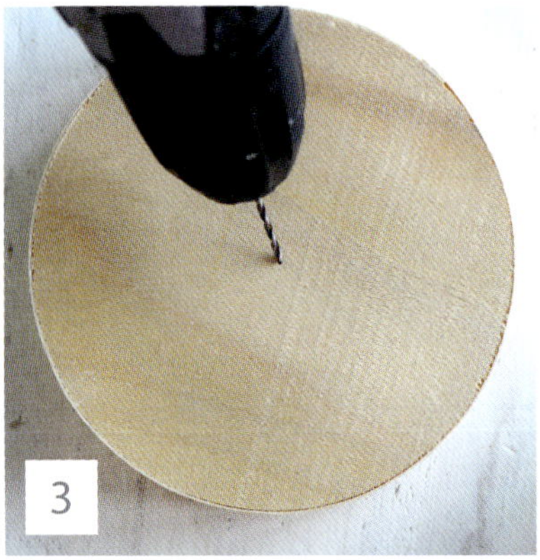


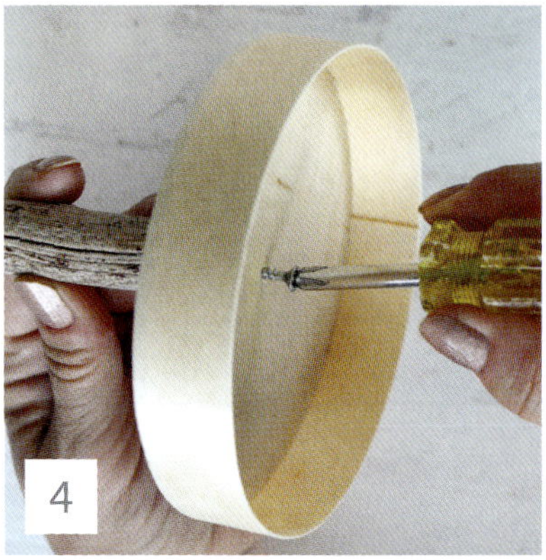

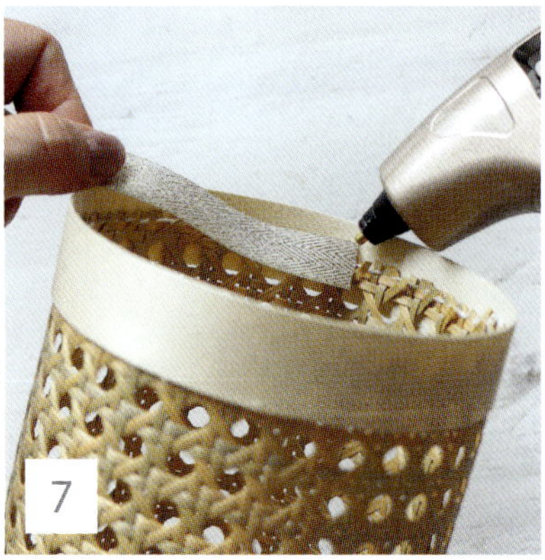


## MATERIAL

- Wiener Geflecht
- Camembert-Packung aus Holz
- kleine, dünne Schraube
- Holzstock, ca. Ø 2 cm
- Heißkleber
- Zierband
- Juteband

## WERKZEUG

- Lineal
- Stift
- Bohrer
- Schraubenzieher
- Heißklebepistole

## SO GEHT'S

1. Das Wiener Geflecht zuschneiden. Die Länge entspricht dem Umfang der Käseschachtel, die Höhe kann frei gewählt werden (hier 18 cm).
2. Loch in der Schachtelmitte anzeichnen.
3. Angezeichnetes Loch vorbohren.
4. Den Stab mit der Schraube an der Käsepackung befestigen.
5. Zugeschnittenes Geflecht von innen mit Heißkleber an den Rand der Packung kleben.
6. Den Boden aus dem Deckel der Käseverpackung heraustrennen und den Rand der Schachtel über das Geflecht schieben.
7. Den Holzring am oberen Rand der Laterne von innen mit Heißkleber befestigen und das Zierband darüber kleben.
8. Die Laterne kann am oberen Rand noch mit einem Juteband beklebt werden.

# Stab-Laterne mit Wiener Geflecht

Für schöne Sommernächte drinnen oder draußen wandert diese Laterne einfach überall hin mit und lässt sich in große Krüge stellen oder in den Sand stecken.

# Boho-Kranz
## mit Muscheln

Ein wilder Wandkranz in einem Mix aus Boho- und Coastal-Style sorgt sofort für Beach-Vibes und gute Laune.

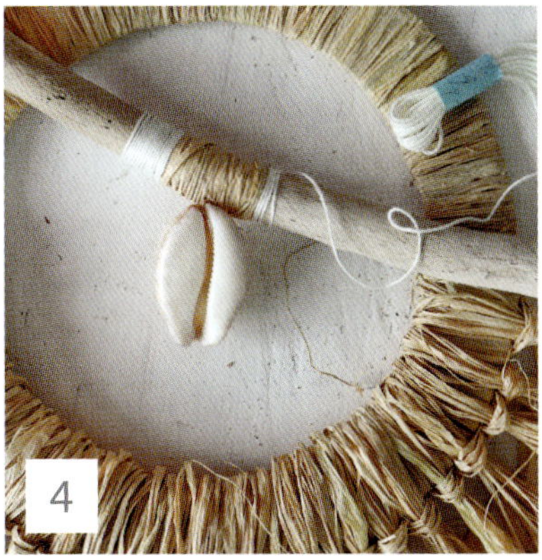

## MATERIAL

- dicker Pappkarton
- Raffia und weißes Band
- Heißkleber
- Treibholz oder Ast
- Muscheln

## WERKZEUG

- Teller in zwei Größen
- Stift
- Schere
- Heißklebepistole

## SO GEHT'S

1. Mit Tellern als Schablonen den Ring auf den Karton aufzeichnen. Ring ausschneiden.
2. Ein Ende des Raffia-Garns mit Heißkleber auf dem Ring befestigen. Den Ring eng mit dem Garn umwickeln.
3. Untere Ringhälfte mit Fransen aus Raffia-Garn verzieren. Dazu 28 ca. 45 cm lange Fäden zuschneiden. Jeden Faden mittig knicken, mit der geschlossen Seite nach außen unter den Ring legen, die Enden über den Ring durch die Schlaufe führen und festziehen.
4. Treibholz mittig mit Raffia-Garn umwickeln. Beidseitig davon ein weißes Band um das Holz wickeln, Muschel in der Mitte festkleben.
5. Treibholz mit Raffia am Ring festbinden.
6. Weitere Muscheln mit Heißkleber auf dem Kranz anbringen.

# Holz-Boot

„Nimm mich mit, Kapitän, auf die Reise!“ Mit diesen kleinen Holzbooten schippert maritimes Flair durch die Deko und wir möchten am liebsten sofort die Segel setzen.

**Tipp:**

Wenn man altes Holz verwendet, ist nach dem Schleifen die Struktur schön zu erkennen.

1a

1b

2

## MATERIAL

- Holzbrett oder Holzrest, ca. 2–3 cm stark
- Acryllack in Weiß

## WERKZEUG

- Bleistift
- Stich- oder Dekupiersäge
- Schleifpapier, 120er Körnung
- Pinsel

## SO GEHT'S

1. Vorlage (S. 136/137) auf das Holz übertragen.
2. Objekt entlang der gezeichneten Kanten aussägen.
3. Die Kanten glatt schleifen.
4. Das Boot anmalen und nochmals leicht schleifen.

3

4

1

2a

2b

3a

3b

4

## MATERIAL

- alte Jeans mit möglichst breiten Beinen
- Nähgarn in Wunschfarbe
- Stoffmalfarbe, Stempel, Schablonen, Bügelmotive usw. zum Verzieren
- breites Band für den Trageriemen (z. B. Kofferband)

## WERKZEUG

- Maßband und Stift
- Stoffschere
- Nähmaschine

## SO GEHT'S

1. Aus der Jeans fünf Rechtecke zuschneiden:
   2x 40 cm x 35 cm
   2x 40 cm x 10 cm
   1x 35 cm x 10 cm
2. Rechtecke mit einem Abstand von 1,5 cm zum Rand zusammen nähen.
3. Nach dem Zusammennähen waschen, um die Ränder auszufransen.
   Die Tasche mit Stofffarbe, Stempeln, Schablonen oder Bügelmotiven verzieren. Motiv nach Herstellerangabe fixieren.
4. Kofferband als Trageriemen von außen an den Seiten der Tasche festnähen.

# Beach-Bag

In diese tolle Strandtasche passt unglaublich viel rein: Handtuch, Sonnencreme, Flip Flops, Bikini, Getränk – und es bleibt bestimmt noch Platz für Strandfunde und persönliche Erinnerungsstücke.

# Deko-Surfboard

Dieses Surfboard erinnert an gesellige Abende in einer Strandbar und eignet sich ideal, um Strandabenteurer in den eigenen vier Wänden zu empfangen.

1a

1b

2

3

4

## MATERIAL

- altes Holzbrett
- Klebestreifen
- Lackstifte in Wunschfarbe

## WERKZEUG

- Bleistift
- Stichsäge
- Drucker
- Cutter und Schneidematte

## SO GEHT'S

1. Vorlage der Surfboard-Form (siehe Seite 137) auf das Holz übertragen und mit der Stichsäge aussägen.
2. Motiv in benötigter Größe ausdrucken und mit einem Cutter auf einer Schneidematte ausschneiden.
3. Motiv mit Klebestreifen auf dem Brett fixieren.
4. Mit einem Lackstift die Flächen ausmalen. Dabei immer vom Papier zum Holz streichen.

## MATERIAL

- lange Grashalme
- Juteband in der Länge des Glasumfangs + 10 cm für den Knoten
- Marmeladenglas

## WERKZEUG

- Schere

## SO GEHT'S

1. Möglichst lange Grashalme abschneiden.
2. Das Band auslegen und auf beiden Seiten beschweren, z. B. mit Steinen. Ein paar Grashalme mittig zusammenlegen und auf das Band legen.
3. Die Enden der Grashalme unter dem Band durchführen, über die Schlaufe nach vorne führen und festziehen.
4. So viele Grashalme am Band befestigen, bis das ganze Glas bedeckt ist.
5. Band um den Rand des Glases legen und auf der Rückseite verknoten.

# Gras-Vase

Sei kreativ mit dem, was die Natur uns schenkt! Gras sieht sowohl frisch als auch getrocknet toll aus und eignet sich perfekt zum Dekorieren.

# Varianten zur Gras-Vase

Gras trocknet wunderschön ein und erhält dabei eine sonnengebleichte Farbe. Daher arbeite ich sehr gerne mit Grashalmen und erschaffe daraus variantenreiche DIYs. Mit wenigen Griffen lässt sich die Gras-Vase der vorherigen Seite abwandeln, sodass eine ganz neue Wirkung entsteht.

Für das Windlicht und die Vase (Fotos oben) werden die getrockneten Grashalme bündig zum Boden eingekürzt. Mit einem Stück Band lassen sich Dekoelemente am Glasrand befestigen (oben links).
Wer die Grashalme gerne etwas ordentlicher haben und das Glas vollflächig mit den Halmen abdecken möchte, wickelt ein Juteband mehrfach um das Glas (oben rechts).

Lange Grashalme können zu einem Zopf geflochten und um den Rand des Glases gelegt werden (rechts unten).

Aus den getrockneten Grasfransen lassen sich auch Untersetzer für eine Schüssel oder ein Teelicht fertigen (Foto links). Dazu das Band mit den trockenen, geknoteten Grashalmen flach auf eine Unterlage legen, sodass die Halme einen Kreis bilden.

Selbstgemachtes aus Naturmaterial fügt sich ganz natürlich in das Zuhause ein und harmoniert sowohl mit verschiedenen Stilrichtungen als auch mit den wechselnden Dekorationen der Jahreszeiten.

# genießen

**ZUTATEN FÜR 2 BLECHE**

2 Rosmarinzweige (ca. 10 cm)
250 g Butter
1 gestr. TL Salz
1 Bio-Limette
300 g Dinkelmehl (Type 630)
120 g Zucker
Puderzucker zum Verzieren

**ZUBEREITUNG**

1. Rosmarin abspülen und trocken schütteln, mit Butter und Salz erhitzen und 1–2 Stunden ziehen lassen.
2. Rosmarinzweige aus der Butter nehmen.
3. Limette heiß abspülen, abtrocknen und die Schale sehr fein abreiben.
4. Alle Zutaten zu einem glatten Teig vermengen, ca. 0,5 cm stark ausrollen und etwa 30 Minuten kühlen.
5. Leuchttürme, Schiffe und Co ausstechen. Plätzchen auf ein mit Backpapier belegtes Backblech legen.
6. Ofen auf 200 Grad vorheizen und die Plätzchen auf der mittleren Schiene 12–14 Minuten leicht braun backen.
7. Mit Puderzucker oder Limettenguss (mit Limettensaft angerührter Puderzucker) verzieren.

# Rosmarin-Limetten-Plätzchen

Ahoi Matrosen, mit diesen Leckereien habt ihr immer eine Handbreit Wasser unterm Kiel, denn die schmecken das ganz Jahr nach Urlaub. Schon der Duft lässt das Wasser im Mund zusammenlaufen.

# Breakfast Bowl

Dieser Muntermacher sorgt für einen perfekten Start in den Tag. Die leckere Kombination aus frischen Früchten, knusprigem Müsli und knackigen Nüssen schenkt Energie und gute Laune.

**ZUTATEN FÜR 1 BOWL**

Obst nach Wahl
125 g Joghurt
50 g Quark
1 EL Mehrkornflocken
1 geh. TL Chiasamen
1 EL Knuspermüsli
1 EL Nüsse
(z. B. Cashew, Mandel, Pistazie)

**ZUBEREITUNG**

1. Obst gründlich waschen und trocken tupfen.
2. Joghurt und Quark vermengen und in die Schale füllen, Flocken und Chiasamen unterheben und etwas einweichen lassen.
3. Das Obst darauf arrangieren, mit etwas Müsli, Chiasamen und Nüssen bestreuen.

Moin!

KÜRBIS
MANDEL
MARME-
LADE

# portugiesische Kürbis-Mandel-Marmelade

Die Sonne Portugals im Marmeladen-Glas:
Das fruchtige Kürbisaroma und die gerösteten Mandeln werden durch einen Schuss Portwein ergänzt.
Das verspricht Urlaubsstimmung schon zum Frühstück.

**ZUTATEN FÜR 1,5 KG MARMELADE**

1,2 kg Kürbis (z. B. Butternut oder Hokkaido)
2 Äpfel
200g gemahlene Mandeln
250 ml Orangensaft
50 ml Portwein
1 Bio-Zitrone, Saft und Abrieb
500 g Gelierzucker
Marmeladengläser

**ZUBEREITUNG**

1. Kürbis und Äpfel entkernen und klein würfeln.
2. Gemahlene Mandeln leicht anrösten.
3. Kürbis und Apfel mit Saft, Portwein, Zitronenabrieb und -saft im Topf ca. 20 Min. weich kochen und pürieren.
4. Mandeln und Gelierzucker dazu geben-geben und vier Minuten unter Rühren sprudelnd kochen lassen.
5. Heiße Marmelade in die ausgespülten Gläser füllen und fest verschließen.

# Lachs-Burger
## mit Avocado-Creme

Saftiger Lachs und fruchtig-feurige Avocadocreme – eine köstliche Kombination zum Reinbeißen und Genießen!

**ZUTATEN FÜR 4 BURGER**

Öl
4 Lachsfilets zu je 200 g
4 Sesambrötchen
1 rote Zwiebel
frischer Baby Blattspinat

**ZUBEREITUNG BURGER**

1. Lachsfilets nach unten und etwas Öl in der zugedeckten Pfanne gar braten. Die Haut vom Fisch lösen.
2. Brötchen aufschneiden. Zwiebeln in feine Ringe schneiden.
3. Brötchenhälften mit Blattspinat, Avocadocreme und Zwiebelringen belegen.
4. Auf die vier Unterseiten der Brötchen je ein Lachsfilet geben und die Oberhälfte des Brötchens darauf legen.

**FÜR DIE AVOCADOCREME**

2 reife Avocados
1 Spritzer Zitronensaft
150 g Frischkäse
1 Frühlingszwiebel
1 Nektarine
1 große Knoblauchzehe
Salz
Chiliflocken

**ZUBEREITUNG AVOCADOCREME**

1. Avocados auslöffeln, mit einem Spritzer Zitronensaft zerdrücken und mit Frischkäse verquirlen.
2. Frühlingszwiebel in kleine Röllchen, Nektarine und Knoblauch in kleine Stückchen schneiden und unterheben.
3. Mit einer Prise Salz und Chiliflocken würzen.

## TOMATEN-SALSA

### ZUTATEN

1 mittelgroße, rote Zwiebel
2 Knoblauchzehen
1 TL klein gehackte, rote Chilischote
Öl
1 EL Tomatenmark, 3-fach konzentriert
1 Dose gehackte Tomaten (400 g)
2 TL Honig
½ TL Salz
1 EL frisch gehackte Kräuter

### ZUBEREITUNG

1. Zwiebel und Knoblauchzehen fein hacken, mit Chili und Öl andünsten, Tomatenmark zugeben und kurz mitdünsten.
2. Dosentomaten dazugeben, kurz aufkochen, vom Herd nehmen.
3. Honig, Salz, Kräuter untermengen, eine Stunde ziehen lassen.

## KNOBLAUCH-PARMESAN-DIP

### ZUTATEN

200 g Frischkäse
½ TL Olivenöl, extra vergine
30 g Parmesan
½ TL Salz
½ TL frisch gemahlener Pfeffer
3 Knoblauchzehen

### ZUBEREITUNG

1. Frischkäse mit Olivenöl, 25 g Parmesan, Pfeffer und Salz verrühren.
2. 1 Knoblauchzehe in feine Scheiben schneiden und anrösten, 2 Knoblauchzehen auspressen und unter die Frischkäsecreme heben.
3. Dip mit den gerösteten Knoblauchscheiben und 5 g gehobeltem Parmesan garnieren.

# Dip-Dreierlei

Picknick am Meer, Einladung bei Freunden, gemütlicher Abend zu zweit – kleine Köstlichkeiten sind immer willkommen und mit diesen drei Dips ist für jeden Geschmack etwas dabei: die Süße Asiens, das Aroma des Mittelmeeres und das Feuer Südamerikas.

**DATTEL-APRIKOSEN-DIP**

**ZUTATEN**

150 g Frischkäse
50 g Joghurt
50 g entsteinte Datteln
50 g getrocknete Aprikosen
3 TL Limettensaft
3 TL Orangensaft
1 geh. TL Harissa
1 TL Schwarzkümmelsamen

**ZUBEREITUNG**

1. Alle Zutaten (bis auf die Schwarzkümmelsamen) im Mixer pürieren.
2. Schwarzkümmelsamen unterheben.

# Fingerfood Scampi

Mit diesem Leckerbissen wird die Sommerparty garantiert zum Erfolg. Angerichtet in Muschelschalen sehen die Scampi auch auf dem Buffet toll aus.

**ZUTATEN FÜR 12 SCAMPI**

6 Knoblauchzehen
1 rote Chilischote
2 Bio-Limetten
3 EL Olivenöl
12 Scampi
3 kleine, rote Zwiebeln
12 Muschelschalen
Meersalz

**ZUBEREITUNG**

1. Knoblauchzehen und die Chilischote in feine Scheiben schneiden und mit Saft 1 Limette sowie dem Öl vermischen.
2. Scampi in Ölmischung einlegen und gut durchziehen lassen.
3. Zwiebeln achteln.
4. Scampi und Zwiebeln anbraten und in den Muscheln anrichten. Grobes Meersalz und Limettenstücke dazu reichen.

# Brokkolisuppe mit Hähnchenspieß

Diese italienische Brokkolicreme-Suppe entführt uns mit jedem Löffel in mediterrane Genusswelten. In Kombination mit dem würzigen Hähnchenspieß verwöhnt sie unsere Sinne.

**ZUTATEN FÜR 4 PERSONEN**

500 g Brokkoli
½ Bund Frühlingszwiebeln
3 Knoblauchzehen
2 EL Erdnussöl
750 ml Gemüsebrühe
150 g Saure Sahne
1 Zweig Thymian
10 Blätter Basilikum
20 g Pinienkerne
300 g Hähnchenbrust
Salz und Pfeffer
8 kleine Tomaten
4 Schaschlikspieße

**ZUBEREITUNG**

1. Brokkoli, Frühlingszwiebeln und Knoblauchzehen in kleine Stücke schneiden und mit 1 EL Öl dünsten. 8 Brokkoli-Röschen beiseite legen.
2. Mit Brühe aufgießen und ca. 10 Minuten leicht köcheln lassen.
3. Saure Sahne, Thymian und Basilikum dazu geben, pürieren und nochmal kurz aufkochen.
4. Pinienkerne leicht anrösten.
5. Hähnchen in ca. 2 cm x 2 cm große Stücke schneiden, mit Pfeffer und Salz würzen und mit 1 EL Öl von allen Seiten gut durchbraten. Je Spieß 2 Brokkoli-Röschen, 2 Tomaten und 3 Fleischwürfel aufspießen.
6. Suppe auf vier Teller verteilen und mit einem Hähnchenspieß servieren.
7. Dazu passt frisches Brot.

# Pfirsich-Ziegenkäse-Salat

Herzhafter Ziegenkäse und saftige Pfirsiche vereinen sich zu einem erfrischenden Geschmackserlebnis. Scharfes Chilli, Schwarzkümmel und Pinienkerne verleihen ihm einen verführerisch orientalischen Touch.

**ZUTATEN FÜR 4 PERSONEN**

1 kleiner Salat Lollo Bianco
4 Pfirsiche
20 g Pinienkerne
Ölivenöl
Baguette-Scheiben
250 g Ziegenkäse
Schwarzkümmel
Chiliflocken
Kräuter
(z. B. Minze und Sprossen)
Honig (optional)

**ZUBEREITUNG**

1. Salat waschen, klein zupfen und auf vier Teller verteilen.
2. Pfirsiche waschen und in Spalten schneiden.
3. Pinienkerne ohne Öl leicht anrösten.
4. Zuerst die Baguette-Scheiben, dann den Ziegenkäse in Olivenöl anbraten.
5. Pfirsichspalten und Ziegenkäse auf dem Salat anrichten, mit Schwarzkümmel, Pinienkernen, Chiliflocken und Kräutern bestreuen.
6. Die Röstbrote dazu reichen.
7. Wer mag, träufelt noch Honig über den Käse – die Süße harmoniert perfekt mit dem Nussigen und Salzigen.

mit einem Hauch
Orient

# Triple Chocolate Cubes

Was ist besser als Schokolade?
Genau, drei verschiedene Schokosorten!
Diese Würfel haben es in sich, denn sie
sind salzig-scharf, fluffig-puffig, nussig-knackig
und fruchtig-herb. Unbedingt testen!

**ZUTATEN FÜR 10 STÜCK**

25 g getr. Cranberries (plus mehr zum Dekorieren)
10 g gesalzene Cashewkerne (ca. 5 Stück)
100 g Zartbitterschokolade
½ TL Chiliflocken
½ TL Salz
Eiswürfelform
100 g weiße Schokolade
100 g Quinoa-Puff
100 g Vollmilchschokolade

**ZUBEREITUNG**

1. Cranberries und Cashewkerne klein hacken.
2. Zartbitterschokolade im warmen Wasserbad schmelzen.
3. Cranberries, Chiliflocken und Salz unterheben. Schokomasse in 10 Eiswürfelkästchen füllen und abkühlen lassen.
4. Weiße Schokolade im warmen Wasserbad schmelzen und den Quinoa-Puff unterheben.
5. Masse auf die Zartbitter-Schicht füllen und abkühlen lassen.
6. Vollmilchschokolade im warmen Wasserbad schmelzen und auf die weiße Schokolade schichten.
7. Mit den Cashewkernen, Cranberries und je 1 Prise Chilliflocken und Salz bestreuen.

# Frozen Tropical Daiquiri

So fruchtig-frisch! Dieser Cocktail schmeckt nicht nur im Sommer nach Strand, Karibik und Urlaub.
Für einen alkoholfreien Drink einfach den Rum weg lassen und als cremigen Smoothie genießen. Salud!

**ZUTATEN FÜR 4 GLÄSER**

1 Ananas
1 Banane
ca. 800 g Crushed Ice
14 cl weißer Rum

**ZUBEREITUNG**

1. Ananas schälen und in Scheiben schneiden.
2. Eine Ananasscheibe für die Deko beiseite legen.
3. Ananasscheiben vierteln und den Strunk entfernen. Banane schälen.
   Obst im Mixer pürieren.
4. Mit Rum aufgießen. Crused Ice dazu geben und nochmals mixen.
5. In vier Gläser füllen, mit Ananasvierteln dekorieren und eiskalt genießen.

Take me to the Beach

Beach-Bag S. 106

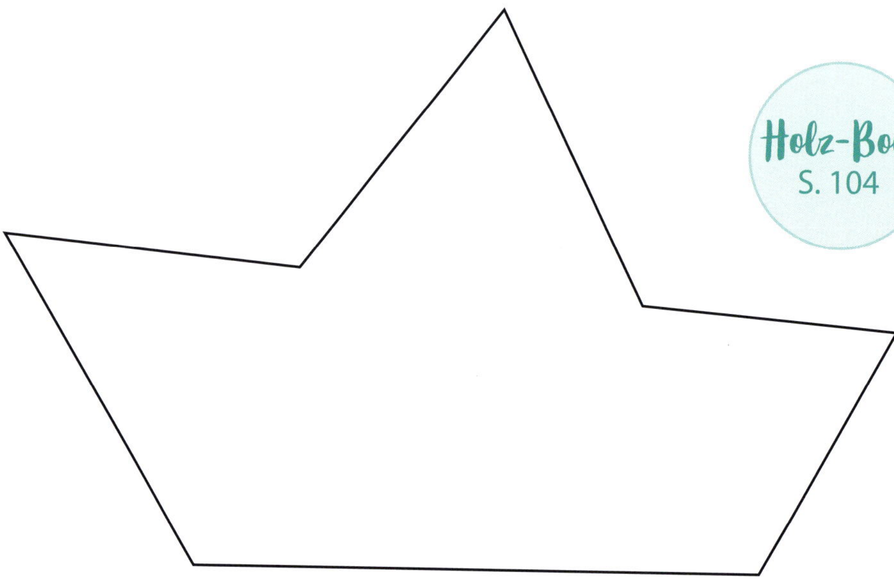

Holz-Boot S. 104

Die Vorlagen für die DIY-Projekte stehen in deiner Digitalen Bibliothek unter www.topp-kreativ.de/digibib zum Download bereit. Der Freischalt-Code lautet: 51706

Deko-Surfboard
S. 108

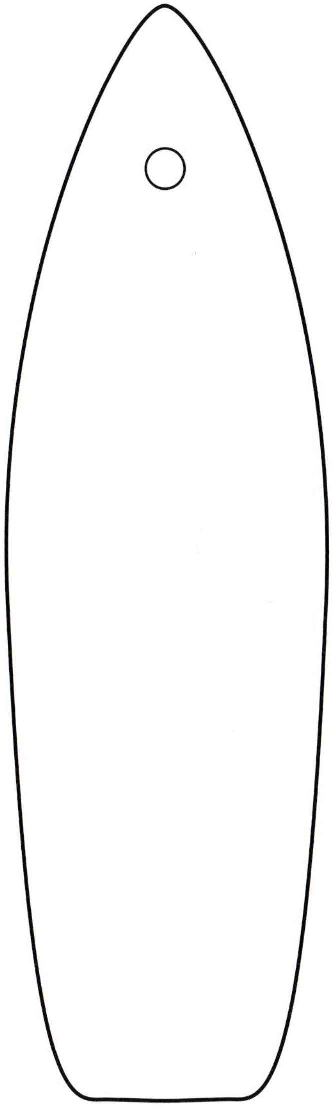

Anhänger Surfboard
S. 74

# Buchempfehlungen für Dich

Noch mehr Kreativ-Bücher zum gleichen Thema gesucht?

ISBN 978-3-7358-5109-3

ISBN 978-3-7358-5048-5

ISBN 978-3-7358-5120-8

ISBN 978-3-7724-7787-4

ISBN 978-3-7724-6882-7

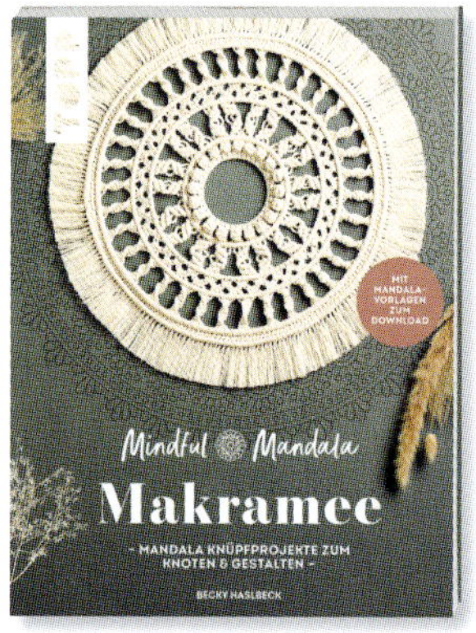


ISBN 978-3-7358-5186-4

ISBN 978-3-7724-4566-8

ISBN 978-3-7724-4639-9

ISBN 978-3-7358-5115-4

Viele weitere Kreativ-Bücher findest du auf www.TOPP-kreativ.de

# #TOPPPROJEKT

**Die eigene Kreativität zeigen: TOPPprojekt mit anderen Kreativen teilen und Teil der Gemeinschaft werden.**

DIY-begeistert und auf Instagram? Dann unbedingt mitmachen! Hier gibt's Tipps und Feedback zu den eigenen Projekten. Außerdem verlosen wir jeden Monat ein Überraschungspaket. Um am Gewinnspiel teilzunehmen, einfach ein Bild vom Kreativ-Projekt aus unseren Büchern mit #TOPPprojekt posten und unserem Account @frechverlag folgen. Mehr Infos auf TOPP-kreativ.de/TOPPprojekt

## Website
Auf TOPP-kreativ.de kannst du ein riesiges Angebot von über 1.000 Kreativbüchern, Sets & mehr entdecken.

## Newsletter
Gleich anmelden unter: TOPP-kreativ.de/newsletter und immer als Erstes von unseren Neuheiten und Sonderaktionen erfahren.

## Instagram
@frechverlag

## Pinterest
pinterest.com/frechverlag

## Facebook
facebook.com/frechverlag

## DigiBib
Hier findest du zusätzlich zu vielen unserer Bücher digitale Extras, wie Video-Tutorials, Plotter-Dateien, Vorlagen, Übungsblätter & vieles mehr. Einfach im Impressum deines TOPP-Buchs den Freischalte-Code nachschlagen und exklusive Inhalte freischalten. TOPP-kreativ.de/digibib

## Youtube
youtube.com/frechverlag

# Impressum

Autorin: Kathrin Krieter
Fotos und Illustrationen: Kathrin Krieter
Covergestaltung: Kathrin Krieter, k13design Werbeagentur
Layout und Satz: Kathrin Krieter, k13design Werbeagentur
Produktmanagement und Lektorat: Lara Franke
Herstellung: Konstanze Laue und Lena Sofie Schmitt
Druck und Bindung: BALTO print, Litauen

MIX
Papier aus verantwortungsvollen Quellen
FSC® C107574

Penguin Random House Verlagsgruppe FSC® N001967



1. Auflage 2024


ISBN 978-3-7358-5236-6 · Best.-Nr. 25236

# Service-Hotline

Hast du Fragen oder gibt es ein Problem?
Wir helfen dir gern. Ruf uns an oder schreib uns eine E-Mail:
Telefon: 0711 / 123 757 20*
*normale Telefongebühren

E-Mail: hilfe@frechverlag.de

Weitere Informationen zum Verlag und zu unserem gesamten Programm findest du unter: www.topp-kreativ.de

# Über die Autorin

Die Designerin Kathrin Krieter lebt und liebt das Selbermachen, Einrichten und Reisen. Auf ihrem Instagram-Account @beachhouseflair teilt sie inspirierende DIY-Ideen und Einrichtungstipps mit ganz viel Urlaubsfeeling.

Fasziniert von den kulturellen Einflüssen verschiedener Länder, mischt sie die Leichtigkeit des Coastal Style mit urbanen Industrial-Elementen oder der unkonventionellen Ästhetik des Wabisabi zu einem individuellen Mix mit einem Hauch Fernweh und Meerliebe.

# Danke

Herzlich bedanken möchte ich mich bei meinen Followerinnen und Followern – ohne Euren Support wäre mein Instagram-Account nicht der, der er ist. Der kreative Austausch und das Finden von Gleichgesinnten quer durch Deutschland und – ja auch der ganzen Welt – macht diese Reise so spannend und wertvoll. Einige von Euch sind mir ganz besonders ans Herz gewachsen, danke für das Miteinander und Eure offenen Ohren.
Danke auch an Lara Franke vom Frechverlag für das sehr gute Miteinander bei der Zusammenarbeit.

Ein lieber Dank geht auch an meine Kerle hier zu Hause (ich weiß, ihr wollt das gar nicht, aber ich möchte...), dafür dass ihr mit nur wenig Gemecker das kreative Chaos ertragt, das hier bisweilen herrscht, und euch auch selber etwas kocht, wenn ich gerade wieder am Werkeln bin...